W0385192

Disney Princesses

Mes plus beaux mariages de Princesses

hachette
JEUNESSE

Sommaire

Disney Princesses

Raiponce

Le mariage de Raiponce

Illustrations de The Disney Storybook Artists

Les beaux jours sont enfin de retour. Et pour Raiponce et Flynn, c'est l'occasion de faire une promenade en amoureux !

Mais entre Maximus le cheval qui monte la garde et Pascal le caméléon qui fait des bonds, le couple n'arrive pas vraiment à être seul…

À la nuit tombée, sous un ciel étoilé, Flynn et Raiponce trouvent enfin un peu de tranquillité. Dans la barque, ils voguent au rythme des flots et se rappellent leur premier baiser.

C'est le moment idéal pour une demande en mariage… Flynn cherche l'anneau dans sa poche. Oups ! Où est-il ? Heureusement, il peut compter sur ses fidèles compagnons Maximus et Pascal qui arrivent au pied levé, pour apporter le bijou si précieux.

Flynn prend alors son courage à deux mains et pose la question tant attendue :

– Veux-tu m'épouser ?

– Oui, répond amoureusement la jeune princesse.

Raiponce s'empresse d'annoncer la bonne nouvelle à ses amis ! Elle est si heureuse, qu'elle présente à tous le magnifique diamant qui orne désormais son doigt.

À l'auberge du Canard Boiteux, les brigands sont fous de joie. Ils attendaient le mariage de leurs amis depuis fort longtemps. Car c'est également une belle occasion pour faire la fête !

Mais déjà, Raiponce doit s'occuper des préparatifs du mariage.

Attila, dont le rêve secret est d'être pâtissier, assiste la jeune fille dans la confection du gâteau.

Redoublant d'efforts, ils parviennent finalement à réaliser une gigantesque pièce montée pleine de crème et de glace.

Tor, quant à lui, préférerait être fleuriste. Il emmène donc Raiponce cueillir une multitude de fleurs des champs pour composer de beaux bouquets.

– Il nous faut aussi quelqu'un pour nous apporter les anneaux, dit Raiponce.

Le choix se porte naturellement sur Maximus, le cheval royal et Pascal, le caméléon. Les deux amis sont très fiers de cette nouvelle responsabilité !

Lorsque vient le moment de créer une robe, la princesse n'a aucun doute : c'est elle qui la dessinera ! Malgré les nombreuses esquisses, elle n'arrive pas à se décider…

Tout le monde veut l'aider, même les brigands. Le moins que l'on puisse dire, c'est que leurs goûts vestimentaires restent rudimentaires.

Heureusement, la reine lui propose son aide. Et elle trouve la robe parfaite, digne d'un véritable mariage de princesse !

Le jour du mariage est enfin arrivé et le son des cloches retentit dans toute la ville.

Au passage du roi et de la reine dans leur somptueux carrosse, la foule laisse éclater sa joie.

C'est un vrai jour de fête !

Non loin de là, Maximus et Pascal attendent avec les alliances le début de la cérémonie. Mais le cheval royal a pris froid et soudain, il éternue : les deux anneaux s'envolent dans les airs puis roulent sur les pavés.

Pendant ce temps, le roi prend fièrement le bras de sa fille Raiponce pour la mener jusqu'à l'autel.

Flynn rayonne de bonheur en voyant sa belle s'avancer vers lui. Mais, où sont Pascal et Maximus ? Eux qui ne quittent jamais d'une semelle Flynn et Raiponce, les voilà absents pour le jour le plus important de leurs amis.

Personne ne se doute que les deux garçons d'honneur se lancent, paniqués, à la poursuite des alliances.

Bientôt Pascal et Maximus récupèrent les anneaux et peuvent enfin se rendre à la cérémonie...

Catastrophe ! Dans leur précipitation, ils ne voient pas l'usine de goudron qui se dresse sur leur chemin.

Ouf, ils arrivent juste à temps pour l'échange des anneaux. Raiponce et Flynn pourront toujours compter sur eux !

Tout le monde a participé aux préparatifs du mariage pour que ce jour soit aussi parfait que dans les rêves de Raiponce. Les jeunes mariés ouvrent le bal avec une première danse.

Ils goûtent la première part
de leur gâteau...

Et ils partent au loin dans leur carrosse.
En se retournant, Raiponce crie joyeusement :
– C'est le plus beau jour de ma vie !

Disney Princesses

La Princesse et la Grenouille

Le mariage de Tiana

Illustrations de The Disney Storybook Artists

CTOME
WELCO

Après de nombreuses aventures, Tiana et Naveen vont enfin se marier ! Ensemble, ils accueillent les parents de Naveen, le Roi et la Reine, à la Nouvelle-Orléans pour célébrer l'événement.

Et tout aussi rapidement, les assistants royaux annoncent leurs plans pour le mariage à la jeune fille.

– Nous allons faire ceci... et cela... lui disent-ils.

Tiana ne sait plus où donner de la tête !

– Je ne veux pas peiner le Roi et la Reine, mais les assistants royaux et leurs projets de mariage ne me conviennent pas ! confie Tiana à son amie Charlotte.

Alors, Tiana prend sa première décision de mariage : elle demande à Charlotte d'être sa demoiselle d'honneur !

Un peu plus tard, Eudora, la maman de Tiana apparaît.
– Ma chérie, j'aimerais tant créer la robe de mariée de tes rêves, lui confie-t-elle. Regarde, je t'ai dessiné un croquis.

– Oh Mama ! c'est parfait ! s'exclame Tiana lorsqu'elle voit le dessin d'Eudora.

Pendant ce temps, le Prince Naveen et Louis planifient secrètement les musiques pour la réception du mariage.

– Les assistants royaux vont choisir des musiques ennuyeuses, dit Naveen. Il nous faut quelque chose de jazzy pour donner envie de danser à Tiana!

De son côté, Tiana compte bien préparer le menu du banquet. Lorsque tout le monde est couché, Tiana et Charlotte se faufilent dans les cuisines pour élaborer un menu festif, et bien sûr il est impossible de faire l'impasse sur le fameux gumbo !

Juste avant de se coucher, Charlotte lui dit :

– Tiana, chaque mariée a besoin de quatre symboles. Il te faut quelque chose d'ancien, quelque chose de nouveau, quelque chose que l'on t'a prêté, et quelque chose de bleu. Alors, pour commencer, voici ce « quelque chose de bleu ».

Et Charlotte offre à Tiana un magnifique collier bleu.

Le lendemain, les assistants royaux viennent voir Tiana pour lui faire de nouvelles propositions.

– Merci beaucoup pour votre aide, leur dit gentiment Tiana, mais j'ai déjà tout ce qu'il me faut.

Ces derniers sont surpris, mais ils respectent les volontés de Tiana.

À ce moment, la Reine de Maldonia entre dans la pièce. Tiana la regarde anxieusement. Sera-t-elle en colère contre les plans de mariage que Tiana a élaborés ?

– Chère Tiana, je suis heureuse que vous ayez planifié le mariage de vos rêves. Mais voudriez-vous me faire l'honneur de porter la couronne que je portais lorsque je me suis mariée avec le Roi ?

La Reine pose alors délicatement la couronne sur la tête de Tiana.

Enfin, arrive le moment des derniers essayages de la robe de mariée ! Elle est magnifique et Tiana peut sentir l'amour de sa mère dans chacune des coutures et des ourlets.

Tout semble parfaitement en ordre. Mais, la veille du mariage, Tiana se sent triste. Son père lui manque tant… Elle sort sur le balcon pour prier l'Étoile du soir comme elle en avait l'habitude autrefois avec son père. Il serait si heureux pour elle…

Enfin, le jour du mariage est arrivé !
Big Daddy mène Tiana à l'autel sous le regard ému des invités. Tiana rayonne de bonheur !
Elle a suivi la tradition, comme le lui avait conseillé sa fidèle demoiselle d'honneur, Charlotte.

À l'intérieur de son bouquet, se trouve la vieille cuillère de son père. Elle porte la nouvelle robe d'Eudora, la couronne empruntée à la Reine, et sous son voile, le collier bleu de Charlotte.

Tiana et Naveen sont désormais mari et femme, princesse et prince de Maldonia ! Lorsqu'ils s'embrassent, ils comprennent qu'une vie d'amour et de bonheur les attend.

Toute la Nouvelle-Orléans s'est déplacée pour leur première apparition officielle… Les rues débordent de joie et d'amour. Gumbo, beignets, musiques…

Ce mariage est le plus beau que la famille royale n'ait jamais vécu pour le plus grand bonheur du prince et de la princesse de Maldonia.

Cendrillon

Le mariage de Cendrillon

Texte de Susan Amerikaner
Traduction de Natacha Godeau
Illustrations de The Disney Storybook Artists

Le Prince en est sûr : Cendrillon est la femme de sa vie !

– Acceptes-tu de m'épouser ? lui propose-t-il alors, fou d'amour pour elle…

– Youpi, Cendrillon a dit oui ! rient Jaq et Gus.

En apprenant la nouvelle, le Roi sautille de joie. Il montre le portrait de son épouse à Cendrillon, puis il explique :

– Ce tableau a été réalisé le jour de notre mariage, et la tradition familiale exige que vous portiez la même tenue le jour du vôtre, mon enfant !

Cendrillon acquiesce gentiment. Le Roi est si enthousiaste, elle ne veut pas le décevoir !

L'ennui, c'est que la tradition est bien difficile à respecter, lorsque tout le monde décide de s'en mêler !

– Pas de panique, affirme le Grand Duc. Ces livres vous enseigneront les secrets de nos coutumes !

Cendrillon s'applique. Elle lit, et lit encore jusqu'à ce qu'elle s'endorme vers minuit…

Elle rêve qu'elle est enfant, et que sa maman lui offre un joli pendentif en forme de cœur.

– N'oublie jamais, Cendrillon chérie. En cas de doute, écoute ton cœur. Lui seul te guidera vers la solution.

À son réveil, Cendrillon se sent réconfortée. Sachant dorénavant ce qu'elle doit faire, elle fouille dans ses malles.

À l'aide des souris et d'une pincée de magie de la Bonne Fée sa marraine, elle retrouve aussitôt ce qu'elle cherchait : le portrait de sa propre mère en jeune mariée !

Cendrillon l'apporte alors au Styliste Royal et demande :

– Pour mon mariage, je souhaiterais que vous me confectionniez exactement la même robe bleue que sur ce tableau. Est-ce possible ?

– Ce sera un honneur, Votre Altesse !

Ensuite, Cendrillon court voir le Joaillier Royal.

– Pour mon mariage, j'aimerais que vous sertissiez mon joli pendentif en forme de cœur à l'ancien collier de perles de la Reine. Est-ce possible ?

– Ce sera un honneur, Votre Altesse !

Enfin, le jour tant attendu de la cérémonie arrive ! Le Roi découvre la tenue de Cendrillon, qui explique :

– J'ai mêlé nos deux traditions, avec la robe de ma mère, mon pendentif porte-bonheur, et les perles de votre épouse.

Le souverain applaudit, ravi.

– Ma très chère enfant, quelle excellente initiative : vous êtes une jeune mariée éblouissante ! Vous avez bien fait de suivre votre cœur... et de broder les perles restantes sur votre voile !

– Et maintenant, laissez-moi vous escorter à l'autel…
auprès du Prince !

Quel joyeux cortège ! Jaq et Gus se chargent des alliances, les souris sèment des pétales de rose... et le Grand Duc renifle d'émotion !

À la fin de la cérémonie, le Prince et Cendrillon sont déclarés mari et femme.

– Bravo ! Embrassez-vous ! s'esclaffe Gus.

Le banquet qui suit est absolument somptueux !

Gus est impatient de goûter au gâteau…

… tandis que Javotte et Anastasie convoitent le bouquet de la mariée.

Bref, le mariage de Cendrillon s'avère un bonheur partagé... dans la plus pure tradition !

La Belle et La Bête

Le mariage de Belle

Traduction de Natacha Godeau
Illustrations de The Disney Storybook Artists

Le grand jour approche : Belle et le Prince vont enfin se marier !

– Je suis si heureuse ! se réjouit la jeune fille. Je tiens à montrer au Prince à quel point nous l'aimons tous. Et je voudrais le faire lors de la cérémonie...

– Excellente idée ! approuve Mrs Samovar sans hésiter.

Belle n'oubliera jamais sa rencontre avec le Prince. À cette époque, une sorcière avait transformé le beau jeune homme en Bête. Et les domestiques du château étaient devenus des Objets Enchantés.

Au début, Belle était effrayée. Puis elle s'était habituée à sa nouvelle vie, jusqu'à tomber amoureuse de la Bête qui l'aimait aussi.

– Je sais ! s'exclame alors Belle. Rien ne pourrait faire plus plaisir au Prince que de tous vous inviter à notre mariage ! Après tout, quoi de plus normal ? Vous êtes sa vraie famille !

Cette invitation est
un grand honneur !

Mais cela n'empêche pas chacun…

… de mettre tout son
cœur dans les derniers
préparatifs !

Pendant ce temps, le Prince essaie son costume de marié lorsque, soudain, il déclare à son tour :

– Je suis si heureux ! Et je souhaite rendre Belle au moins aussi heureuse que moi !

Le Prince n'oubliera jamais sa rencontre avec Belle. Il n'était qu'une Bête terrifiante… et elle a pourtant su l'aimer !

Ainsi, le jour où elle aurait enfin pu rentrer chez elle, la jeune fille avait choisi au contraire de rester auprès de lui pour le sauver…

… et la force de son amour
avait brisé le sortilège !

– Belle doit savoir à quel point elle compte pour moi ! décide alors le Prince en fonçant au village lui acheter un gage d'amour. De leurs côtés, Lumière, Big-Ben et Mrs Samovar réfléchissent à la surprise qu'ils feront au jeune couple...

Comme toujours, Lumière rejoint le Prince afin de l'aider. Mais quand il arrive, ce dernier a déjà trouvé ce qu'il cherchait. Il n'a plus qu'à ajouter un gros bouquet de roses en signe de sa passion !

– Belle a tellement de chance ! soupirent les villageoises, envieuses.

Le grand jour arrive enfin ! Belle apparaît au sommet de l'escalier, rayonnante dans sa longue robe de mariée. Son père, Maurice l'inventeur, la conduit fièrement au Prince, ébloui par tant de grâce.

Puis, Belle lit à haute voix un passage de son roman favori, avant de conclure :

– Merci à toi, mon Prince, de me permettre de vivre un vrai conte de fées à tes côtés !

Alors, le Prince lui offre son cadeau : un carnet relié en cuir.

– Toi seule sauras remplir ces pages des merveilles qui nous attendent ! dit-il.

Les fiancés échangent ensuite vœux et alliances : les voici mariés. Maintenant place au buffet royal ! Le Prince escorte Belle dans la salle de bal. Que de fruits et de gâteaux à déguster !

– Mrs Samovar a prévu beaucoup trop à manger ! pouffe Belle.

– Pas si sûr ! réplique Big-Ben.

Et vite, il l'accompagne dans le parc avec le Prince…

... où la foule des villageois les acclame en criant :

– Surprise !

– Nous avons pensé que vous aimeriez inviter tous vos amis ! explique Lumière.

– Oh oui, c'est fantastique ! remercient en chœur Belle et le Prince. Vous ne pouviez pas nous faire plus plaisir aujourd'hui !

Mrs Samovar rougit de joie : elle leur a prouvé que tout le monde les aime, au royaume !

– Que le bal commence ! décrète alors le Prince.

Et il ouvre la valse au bras de Belle, sous les applaudissements de leurs invités.

– Vivent les mariés !

Les feux d'artifice illuminent le ciel du soir, tandis que Belle et le Prince échangent un baiser au clair de lune. Jamais dans le pays on n'a vu mariage plus réussi… avec tant d'amour et d'amitié sincères !

Disney Princesses

La Petite Sirène

Le mariage d'Ariel

Traduction de Natacha Godeau
Illustrations de The Disney Storybook Artists

Quel coup de foudre : Ariel et le Prince Éric sont tombés fous amoureux dès leur première rencontre ! La Petite Sirène ayant alors choisi de devenir humaine, elle s'apprête enfin à épouser son Prince...

Mais un mariage chez les humains est très différent d'un mariage sous-marin. Quand Grimsby vient lui présenter la liste des invités, Ariel s'étonne. Il y en a des centaines !

– C'est un mariage royal, explique Grimsby. Les fiancés reçoivent leur famille, et celle du Prince Éric est nombreuse !

Ariel soupire. Sa famille à elle vit sous la mer. Comment assistera-t-elle à la cérémonie ?

Inquiète, Ariel sort se changer les idées. À peine arrive-t-elle au marché, que les commerçants lui proposent toute sorte d'articles pour le mariage…

Ariel hésite. Elle ne sait pas quoi choisir : elle ne connaît rien aux coutumes des humains ! Et rouge de honte, elle rentre vite au château.

Elle décide de demander conseil à Grimsby :

– Un marchand m'a dit que les mariés devaient ouvrir le bal. L'ennui, c'est que j'ai seulement appris à danser sous l'eau, avec une queue de sirène… pas des jambes !

Ouf ! Le vieux majordome est un expert de la valse !
– Une, deux, trois !
Et Ariel étant très douée, il ne tarde pas à lui enseigner tous les pas...

Pour ce qui concerne sa robe de mariée, Ariel devine que Carlotta fera des merveilles. Elle l'interroge :

– À quoi ressemble ce genre de robe ?

– C'est bien simple, répond joyeusement Carlotta. Ce doit être la plus belle robe du monde !

Elle se met à dessiner plusieurs modèles en ajoutant :

– Elle doit être blanche, souple, en dentelle de soie précieuse, et en satin velouté !

Pas de doute, Carlotta aurait pu être une fantastique styliste : le résultat comble les rêves d'Ariel !

– Oh, merci ! s'exclame-t-elle.

Maintenant, les préparatifs vont bon train. En cuisines, Chef Louis s'occupe du Buffet.

– Quel gâteau souhaitez-vous, Princesse ?

– Je l'ignore complètement, avoue Ariel. Je n'ai jamais vu de gâteau de mariage de ma vie !

– Pas de problème, Votre Altesse, la rassure alors le chef cuisinier. Je vais vous confectionner la plus exquise Pièce Montée de l'univers !

Ariel accepte avec bonheur. Chef Louis est un pâtissier de talent. Grâce à lui, le mariage sera réussi !

Mais tandis qu'elle fait des essais de coiffure pour le grand jour, la Petite Sirène recommence à s'inquiéter au sujet de sa famille. Jamais son père et ses sœurs ne pourront venir à la cérémonie en dehors du Royaume des Mers…

– Pourtant, j'ai besoin d'eux à mes côtés ! sanglote-t-elle.

Elle contemple tristement l'océan, du balcon du château, lorsque le Prince Éric la surprend en train de pleurer.

– Ariel ! Tu ne veux plus m'épouser ?

– Au contraire ! Seulement, je regrette que ma famille ne puisse pas assister à la cérémonie.

– Alors sèche tes larmes, ma chérie, car j'ai tout prévu : nous nous marierons à bord du Navire Royal... en pleine mer !

Aussitôt, Ariel descend sur la plage annoncer la nouvelle à son père et à ses sœurs, qu'elle prie d'être ses demoiselles d'honneur. Son père la mènera à l'autel. Et le crabe Sébastien tiendra les alliances !

Il reste à trouver les porte-bonheurs de la mariée : un objet bleu, un objet ancien, et un objet emprunté.

– Je te prête ma barrette de nacre, dit Aquata.

– Moi, je t'offre cette perle ancienne qui appartenait à ta mère, enchaîne le Roi Triton, son père. Elle espérait que tu la porterais pour une occasion importante. Sois-en digne !

– Et voici mon étoile de mer bleu turquoise, termine Adella. Elle est très rare, tu sais !

Ariel, émue par tant de gentillesse, embrasse tendrement son père et ses sœurs.

– Je suis si heureuse que vous veniez à mon mariage ! rit-elle.

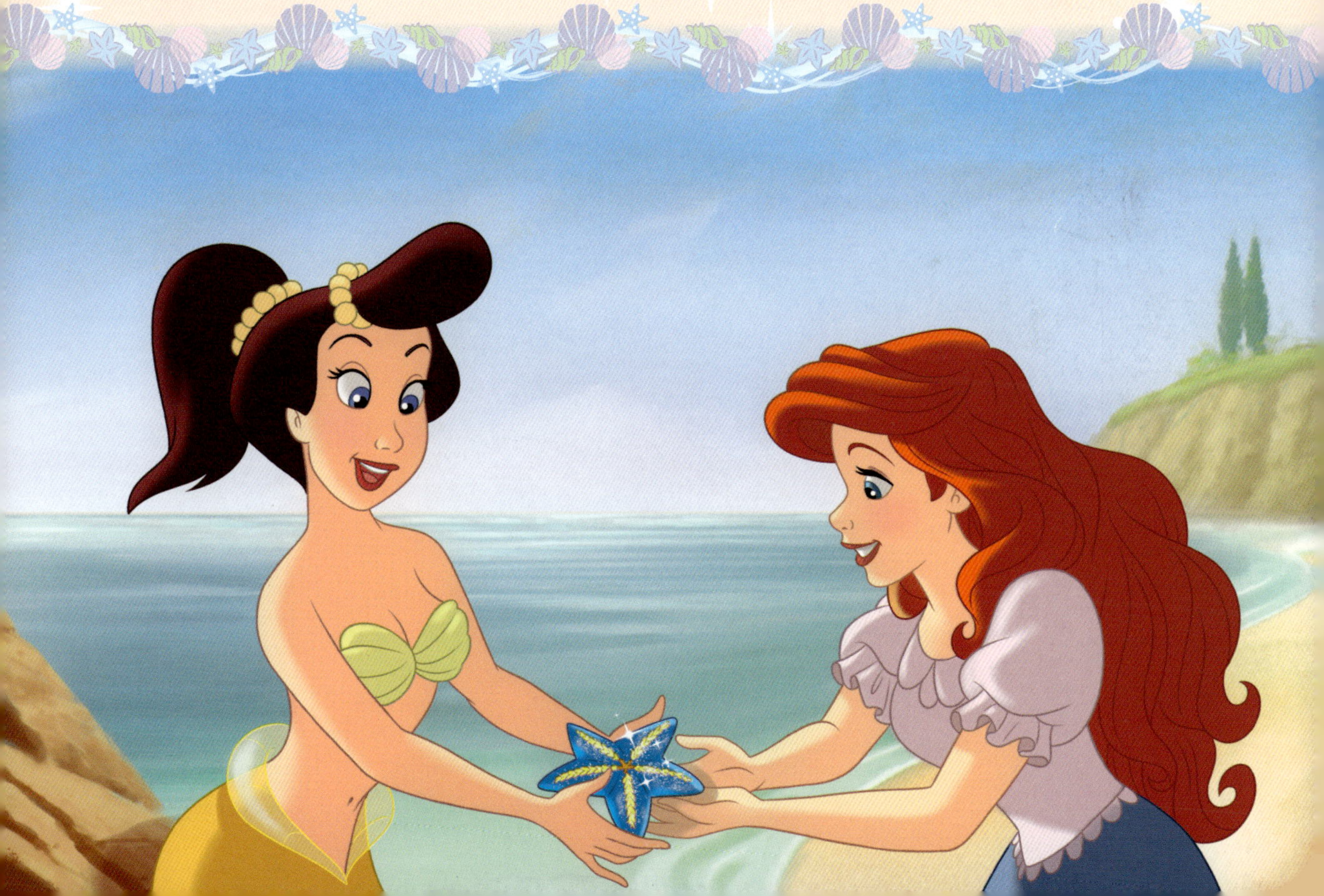

Le lendemain, le grand jour est enfin arrivé ! Ariel resplendit de beauté dans sa robe de mariée. Les invités sont sur le pont du bateau. Mais les sirènes flottent sur une vague magique créée par le Trident du Roi Triton.

Les fiancés échangent alors leurs vœux solennels, puis leurs alliances. Et Sébastien déclare :

– Prince Éric, vous pouvez embrasser la mariée !

Ensuite, les invités entament la Pièce Montée. Chacun a droit à sa part, évidemment, et tout le monde se régale... même les sirènes et les ondins qui reçoivent un gâteau des mers spécial !

Il est temps à présent d'ouvrir le bal : Sébastien dirige l'Orchestre Aquatique, et les jeunes mariés valsent sur le pont...

Au soleil couchant, Ariel et le Prince Éric remercient leurs invités, qui acclament en chœur :

– Vivent les mariés !

Hommes et sirènes forment désormais un peuple uni !

© 2013 Disney Enterprises, Inc.
Le film *La Princesse et la Grenouille* Copyright © 2009 Disney,
histoire partiellement inspirée du livre *The Frog Princess* de E. D. Baker
Copyright © 2002 publié par Bloomsbury Publishing, Inc.

Pour l'éditeur, le principe est d'utiliser des papiers composés de fibres naturelles, renouvelables, recyclables et fabriquées à partir de bois issus de forêts qui adoptent un système d'aménagement durable. En outre, l'éditeur attend de ses fournisseurs de papier qu'ils s'inscrivent dans une démarche de certification environnementale reconnue.

Édité par Hachette Livre - 43 quai de Grenelle, 75905 Paris Cedex 15
Imprimé par Macrolibros en Espagne – Achevé d'imprimer : avril 2013
ISBN : 978-2-01-460273-9 – Édition : 01 – Dépôt légal : avril 2013
Loi n°49-956 du 16 juillet 1949 sur les publications destinées à la jeunesse.

Pour tout renseignement concernant nos parutions, nous contacter
par téléphone au 01 43 92 38 88 ou par e-mail : disney@hachette-livre.fr